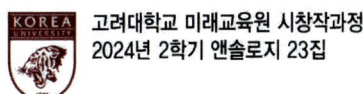
고려대학교 미래교육원 시창작과정
2024년 2학기 앤솔로지 23집

천년 은행나무에게 묻다

차 례

■ 첫눈사진 콘테스트
\<장원\> 장태숙 - 잎새이는 바람에도 괴로워했다 … 4
\<차상\> 김형순 - 가을을 담는 휴지통 … 5
\<차하\> 박봉흠 - 화이트 크리스마스 트리 … 6
\<장려\> 김의숙 - 겨울모자와 목도리 … 7
　　　　박관숙 - 두 계절을 살다 … 8

■ 초대시
김순진 - 감자탕집, B 외 3편 … 10

■ 참여작가

박관숙 - 송사리의 청첩장 외 3편 … 18
이홍주 - 거울과 책상 외 3편 … 24
임미정 - 봄의 문턱에서 외 3편 … 34
최복숙 - 오래된 골목 외 3편 … 42
김영숙 - 풍산이의 행방 외 3편 … 48
김형순 - 청매실 어머니 외 3편 … 56
박봉흠 - 여로(旅路) 외 3편 … 64
박정현 - 천년 은행나무에게 묻다 외 3편 … 72
오복환 - 은행(銀杏)의 은행(銀行) 외 3편 … 80
김선영 - 원본대조필 외 3편 … 86
김의숙 - 늦가을의 정수사 외 3편 … 92
김종원 - 대저 토마토 외 3편 … 100
이동재 - 달나라에서 살아남기 외 3편 … 108
장태숙 - 목백일홍 일기장 외 3편 … 116
정춘식 - 장롱문에 낀 넥타이 외 3편 … 124
김정숙 - 까치의 생각 외 3편 … 130
김태운 - 골짜기 경주 외 3편 … 136

첫눈사진 콘테스트 **장원**

장 태 숙

▲ 잎새 이는 바람에도 괴로워했다

첫눈사진 콘테스트 **차상**

김 형 순

▲ 가을을 담는 휴지통

 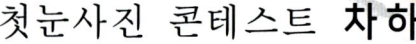 

첫눈사진 콘테스트 차하

박 봉 흠

▲ 화이트 크리스마스 트리

첫눈사진 콘테스트 장려

김의숙

▲ 겨울모자와 목도리

첫눈사진 콘테스트 **장려**

박 관 숙

▲ 두 계절을 살다

지도강사 초대시

김 순 진

감자탕집, B 외 3편

김 순 진

오랜만에 모임에 나갔더니
B났느냐, 왜 안 보였느냐 말B가 거세다
일이 밀리는 B에…, 변명하자
세간의 정치 B로 선회했다
B벽에 기대앉아 B를 3단으로 틀고
와작와작, B를 씹으며 B를 부딪치는데
종업원이 B가 조금 채워진 인스턴트커피와 함께
작은 B 한 개비씩을 나누어주었다
끄윽, 속에 든 B가 남의 B와 섞일까 입을 가리며
뾰족한 B로 이빨 새에 B 통로를 뚫었다
맞은편에서 B를 돌려 깎은 풋사과를 건넸다
B를 일으키며 덥석 받으려다
그만 B를 반쯤 마신 컵을 엎질렀다
컵에 담긴 B는 쏜살같이 달려 나왔고
B처럼 외줄을 타고 탈출을 시도했다
순간, 반찬그릇 밑에 숨는 B를 찾아내며
티슈에 숨어있던 B로 난동부리는 B를 제압했다
그들은 어느새 동질의 B로 의기투합했으나
결국 B 빠진 뼈다귀와 함께 그릇 속에 던져졌다

〈
B빠진 집에 B를 달고 나와
가을 B 속에 깃 세운 B로 불어간다

* B는 바람

초가집, 그녀

그녀가 울보가 아니다
남 잘되는 것 못 봐 눈썹 치켜뜨고
못된 눈으로 덤벼드는 계집도 아니다
가끔 아버지의 논이 거북등처럼 타들어 갈 양이면
펑펑 울어버리는 효녀였다
머리에 초승달 핀을 꽂고
박 넝쿨로 머리를 질끈 동여맨 채 산책을 꿈꾸다가
미루나무 가지 넘어와 팔을 이끌면
별이 송송 박힌 어금니로 환하게 웃으며
봉긋한 가슴에 따라나서고 싶었던 계집아이
앞마당에서 탈곡하는 날이면 어깨를 들썩였고
품 얻어 머리에 노랑 물을 들이는 날이면
이 사람 저 사람 불러 밥을 먹이며
막걸리 주전자를 홀짝거렸던 아이
겨울이면 흰 벙거지를 쓰고
덕구를 따라 뛰어나가고 싶었던 그녀
구름으로 나염을 찍어 입고
밤새 헤벌어진 입으로 지껄이던 그녀는
머리에 물 발라 곱게 빗어 내리고 싶었지만

스포츠머리나 박박 밀어버리는
여자답지 못한 유행이 싫어 숨어버린 지 오래,
지금도 어디에선가 아름답게 늙음을 꿈꾸고 있겠지
아, 그리운 그녀

별의 맛

서북쪽 하늘에 별 일곱 개
사람들은 이를 북두칠성이라 부르는데
정작 그들은 자기 이름을 알지 못한다, 그들은
공동묘지에 산다
관객의 묵인 속에 날마다 죽고 날마다 살아나는
때론 한꺼번에 오입하러 들어갔다가 하얗게 널브러지는
외간 여자를 곁눈질하다가 서로에게 칼부림하는
외면하고 앉아 단 한 번의 어깨동무를 하지 않는
실은 개미와 개미귀신 사이도 못 되는
사랑할 수도 죽일 수도 없는 존재인, 그들은

벌이 꿀을 따지 않고 벌의 꿀을 빼앗거나
개미가 개미의 꽁무니를 빨며 신트림하듯
소녀의 눈알을 빼먹거나
연인 끼리 눈알을 몽땅 빼먹는다
나는 어릴 적 동태찌개에서
동생이랑 젓가락 다툼하며 빼먹던 별의 맛을 기억한다
이제 다시 먹어본 별은
선조 임금이 신의주에서 돌아와 먹은 도루묵처럼

별 볼 일 없는 맛이지만
단 한 번도 사용되지 않은 국자가
아직도 국에 담겨있어
왕건이를 찾아 국 속의 국자를 휘젓는다

향적봉 등대에서

1,000m가 넘는 거센 파고 사이에서
윈드서핑을 마치고
마침내 등대 위로 올라갔을 때
해안은 주목과 조릿대의 산호초 군락으로 발달해 있었고
가끔 갈매기들이 조난당한 영혼들을 먹어치우다
목이 메이는지 끼룩끼룩 울고 있었다
바람은 귀를 먹는 상어인가 보다
자꾸만 귀를 물어뜯으려 한다
바람은 요부인가 보다
음탕한 손으로 옷깃을 파고든다
수심 1,614m 아래로 내려가는 곤돌라를 타려고
바쁘게 물 위를 걷자 윙윙 산호초들이 말을 걸어오고
용왕님은 간식 시간인지
사각사각 발자국을 과자처럼 먹어치우고 있다
오래 정박하지 못하고 떠나감에 아쉬워
뒤를 돌아다보니 바다엔 청어 떼가 줄지어 지나간다
이윽고 곤돌라를 타고 해저로 내려가니
동종의 물고기들이 지느러미를 땅으로 지치며
자유롭게 유영하고 있다

박 관 숙

송사리의 청첩장 외 3편

박 관 숙

수도꼭지 틀자마자 힘찬 물소리
쏴아쏴아 들린다
대성리 강가에 살던 송사리 한 마리
수돗물 타고 올라왔다

기쁜 소식 꼬리에 달고 가쁜 숨 몰아쉬며 하는 말
다슬기와 8년간 연애 끝에 결혼한다며
청첩장을 건넨다

날짜는 11월 12일
장소는 대성리 강가 고기플랜드 33번지
많은 축하를 받고 싶은지 잔뜩 부푼 모습이다

다슬기는 남편 되고 송사리는 아내 되어
백년가약 맹세하고 자손 번창 약속하며
돌멩이 아파트에 신혼살림을 차린단다

부조금으로 가랑잎 몇 장 준비해야지

도끼와 까뀌

때론 서로에게 상처 주는 말을 하지만
도끼는 까뀌의 아버지
까뀌는 도끼의 큰아들입니다
넘어질까 봐 다칠까 봐 행여 실수할까 봐
도끼는 앉으나 서나 까뀌의 걱정이죠
반면 까뀌는 천방지축이라 아무 걱정이 없습니다
뒤에는 힘세고 든든한 도끼가 버티고 있으니까요
도끼와 까뀌는 함께하는 시간이 많습니다
밥도 같이 먹고 노래방도 함께 가곤 합니다
가끔 게임도 하고 목욕탕도 함께 갑니다
때론 전철도 함께 타고
도끼는 경로석에 까뀌는 일반석에 앉아 가기도 하죠
세월이 유수처럼 흘러 까뀌가 군에 입대하던 날
까뀌는 도끼가 우는 걸 처음으로 보았습니다
'필승!'하며 군기가 잔뜩 들어 있는 까뀌를 보며
도끼는 소리 없이 울었습니다
까뀌야 매일매일 기도할게
무사히 군복무 마치고 제대하렴
도끼가 까뀌를 꼭 안아주었습니다
도끼와 까뀌는 떼려야 뗄 수 없는 뼈붙이였습니다

지긋지긋한 6.25

너를 생각하면 밉고 또 미워서 견딜 수가 없구나
악마와도 같았던 너는, 지금 괜찮은지 묻고 싶다
아버지는 부모님과 사랑하는 아내
어린 자식을 뒤로한 채 총칼을 둘러메고서 전장에 나갔다
추위에 떨고 굶주림에 허덕이며
설악산 전투 백마고지 전투에서
전우의 시체를 넘고 또 넘었던 아군이었다

너의 이야기는 나를 너무 슬프고 힘들게 한다
너는 가슴 저리고 오그라지는 이 슬픔을 아느냐 모르느냐
하루에도 수없이 많은 동료 전우들이 죽어갔지만
사랑하는 전우들의 주검을 뒤로하며 전진할 수밖에 없었던
그 아픔과 미안함을 어찌 말로 표현하랴
앞만 보고 싸워야 했던 그날들
할 수 없이 싸워야 했던 그 순간들을 너는 아느냐 모르느냐
가슴이 아려 너를 용서할 수가 없다
강원 인제군 북면 용대리 182-16번지로
너를 데리고 가 주리를 틀고 반성케 하고 싶구나
못다 핀 젊은 꽃들은 한 서려 어찌 눈을 감았는가

〈

아버지는 6.25때 하사로 입영해
1957년 12월 12일까지 만기 제대하였음에도
2010년 6월 25일에야 비로서 참전용사임을 인정받아
전역증을 부둥켜안고 통곡을 하였다
너를 영원토록 용서할 수 없으며
국립묘지에 계신 아버지 어머니를 가슴에 품고
백골 사단의 피투성이였던 그분들께 정중히 고개 숙인다
우리가 지금 편히 살고 있는 건
피지 못한 그분들의 넋과 희생이 있었기 때문

지긋지긋한 6.25야,
너를 저주한다

아버지의 자전거

아버지께도 추억이 있다는 걸 참으로 뒤늦게야 알았다
근검절약이 몸에 배인 아버지는 여물을 썰다가
왼쪽 가운뎃손가락 한마디가 작두에 잘렸다고 하셨다
볼 때마다 마음이 아팠다
동네일을 도맡아 하시던 아버지 옆구리 한켠엔
언제나 누우런 서류 봉투가 들려 있었다
면사무소 가실 땐 항상 자전거를 타고 가시고
가끔 우리들 학교도 태워주셨다
어느 해인가 당귀 농사에 성공하여
라디오 방송국에서 늦은 밤에 취재를 왔다
오빠와 난 창호지 문에 침을 발라 구멍을 뚫고 몰래 귀 기울이며 듣다가
킥킥 웃어 된통 혼나고 취재가 멈춘 적도 있었다
방송이 나오던 날엔 식구들 모두 옹기종기 모여앉아
성공 사례 발표를 하시는 아버지 목소리를 들었다
너무나 신기해서 라디오를 뜯어보고 싶기도 했었다
소 키우랴 닭 키우랴 동분서주 바쁘신 와중에도
운동회날이면 아버지는 학부모 달리기엔 빠지지 않으셨다
제트기처럼 잘도 달리는 아버지를 응원할 땐

심장이 두 배로 뛰기까지 했다
콩닥거리는 가슴에 눈물이 나기도 했다
고천초등학교 28회 운동회 기념 하얀 수건을 목에 두르시곤
자식 기를 팍팍 살려주시던 키 작고 당당했던 아버지
어엽이 상하골 점등식 하던 날엔
도지사님 면장님 동네 사람들 모두 모였다
스위치를 켜는 순간 캄캄했던 어엽이 상하골 밤이
하얀 밤으로 변신했을 때 지르던 함성과 박수 소리는
지금도 내 귓가에 들려온다
그땐 아버지 덕분에 내 어깨가 저절로 으쓱댔었다
추억은 아버지에게도 소중하건만 바쁘게 일만 하시고
자식들 키우며 그 추억을 빼앗긴 건 아닌가 싶다
그 옛날 자전거를 타고 면사무소 가시던
아버지가 생각나 눈물 흘린다

* 신동호 시인의 「봄날 피고 진 꽃에 대한 기억」을 패러디하다

이흥주

거울과 책상 외 3편

이 홍 주

빠르지도 않은 걸음에 나누어진 7대3 가르마를
흠칫 놀란 마음으로 흐트러뜨린다

반복된 하루가 쌓여 저절로 드러난
거울 앞 나의 지난 모습을 털어버리고

티셔츠와 바람막이로 나름 매무새를 꾸몄지만
아직까지 등산바지는 정장으로 보여진다

출퇴근의 자유를 얻었고
바깥에서 하루를 보내지 않는 날이 많아졌지만

책상 위에 컴퓨터, 종이, 볼펜이 다시 놓이며
여전히 나를 의자에 앉혀놓고 있다

그래도 이제 이 책상에서는
닭튀김 냄새와 빨간 양념 흔적도 남아있고

어제저녁 아들들과 기울인 술과 함께

바깥세상 뒤틀린 꼬임들도 풀어내어졌고

하얀 화선지 위에 서툰 붓글씨와
살아왔고 살아갈 길을 쓰고 있는 내가 있다

가방

네가 유치원에 갈 때쯤 나는 안전을 책임지는
노란색 조끼처럼 등에 메여 너의 뒤를 지켰어
좀 커서 초등학교 다닐 때에는
나는 멋있고 예쁜 그림으로 꾸며야 했지
사춘기 중고등학생 시절엔
나는 많은 교과서와 참고서를 품고 살았지
청춘 이후 내게 유명한 이름표가 붙어있지 않으면
너는 나를 당연하듯 멀리했지
그리고도 한동안은 다른 친구들과 친해지며
나의 존재감은 사라져갔었지
대부분의 사람들에게 나는 늘 필요했으나
귀하게 대접받지 못했어
그래도 내가 없으면 너는 늘 허전해하며 나를 찾았고
때론 어린 동생처럼 귀찮게도 생각했지
내가 너무 익숙해졌을 그즈음부터
너는 하루종일 나를 집안에 혼자 두고 나가기도 했어
이젠 내 몸에 때 끼고 곰팡이 필 지경이 되었는데
나를 거추장스럽고 무심하게 대하는 너를 보면 정말 슬퍼져

〈
나는 여전히 당신의 반짝이는 눈길을 느끼며
따스한 체온을 껴안으며 살아가고 싶어

낚시

새벽 어둑한 바닷가 낚시터에 자리를 잡았다
영종도 교각과 건너편 건물의 불빛은 조금씩 약해지고
둥글고 벌건 것이 빛을 발하며 떠올랐다
낚싯대에 릴을 걸고 열어 줄을 연결한 후
찌와 바늘, 봉돌을 달고 지렁이와 새우를 꿰어 물 위로 던졌다

빨간 찌 머리가 물 위에 자기 자리를 잡았다
빨간 찌 머리는 그 자리에 서 있다
빨간 찌 머리가 물 따라 흘러가지 않는다
빨간 찌를 걷어 낚싯대 전체를 살펴보니
빨간 찌를 수심에 맞게 띄워주는 매듭이 없어 마저 엮어서 던졌다
빨간 찌가 이제 물 흐르는 대로 잘 흘러갔다
빨간 찌를 걷어 물고기가 있을 곳에 다시 던지기를 되풀이했다
빨간 찌 아래엔 어느 정도의 깊이에 어떤 물고기 있을지 알 수 없다
빨간 찌가 행여 꿈틀거릴까 바라보기만 하며 하염없이

기다렸다
 빨간 찌 머리가 조금씩 꾸물거리며 위아래로 깜박였다
 빨간 찌 머리가 한순간 사라졌다
 빨간 찌를 보기 위해 빠르게 릴을 돌려 줄을 감았다
 빨간 찌는 안보였지만 물속에서는 줄을 당기고 있다
 빨간 찌가 이제 물 위로 올라왔고 무엇인가 그림자가 어른거리며 다가왔다
 빨간 찌는 바늘 끝에 참돔을 데리고 왔다
 빨간 찌 머리를 주시하며 바라보다 마침내 물고기를 낚았다

 빨간 찌 머리에 화두처럼 빠져있는 동안 머릿속 잡념은 물 따라 흘러갔고
 빨간 찌를 바라본 하루 동안 나는 비워졌다
 빨간 찌가 나를 낚아 올려 내 마음은 온통 푸드덕거린다

문 밖에서

이흥주

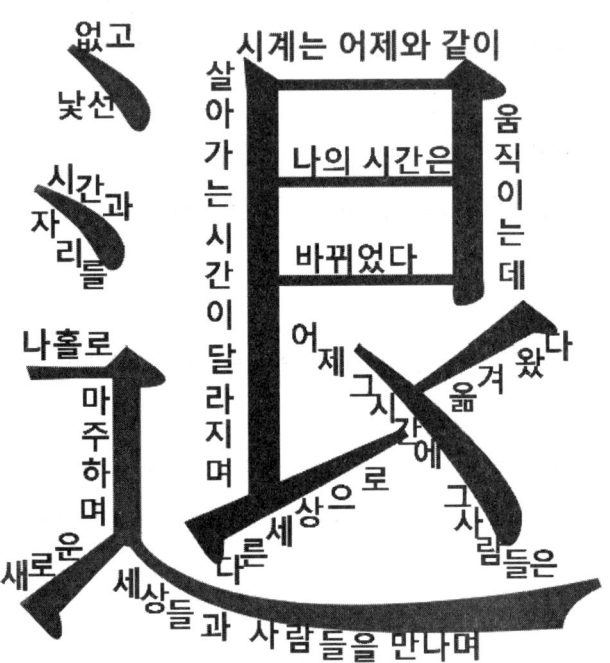

시계는 어제와 같이 움직이는데
나의 시간은 바뀌었다
살아가는 시간이 달라지며
없고 낯선 시간과 자리를
나홀로 마주하며
새로운 세상들과 사람들을 만나며
어제 그 시간에 다른 세상으로 옮겨 왔다
그 사람들은
나의 시간을 만들고 있다

임 미 정

봄의 문턱에서 외 3편

임미정

봄에게
겨울이가 자꾸 오지지 말라고
봄의 문턱을 가로막고 있나 봐요

마음 따뜻한 봄이가 어서 왔으면 좋겠는데
말씨 상냥한 봄이가 내 곁에 왔으면 좋겠는데
향기 발랄한 봄이가 나와 함께 놀아주면 좋겠는데
겨울이가 봄의 문지방에 앉아
봄으로 넘어가는데 세를 받고 있나 봐요
겨울아,
내가 그 세를 다 내줄게
봄 좀 만나게 해줄래

이제부터는 문지방 없는 계절을 살고 싶어요
부부에게도 문지방에 없고
친구 사이에도 문지방에 없고
계절 사이엔 더욱 문지방이 없어

추웠다가도 얼른 따스해지는

문지방 없는 봄을 만나고 싶어요

기분 좋은 날

오늘은 왠지 기분이 좋아지는 날이다
오늘도 또 어떤 즐거움이
나를 기분 좋게 만들어줄까
내가 내 기분을 기분 좋게 만들어야지
누가 내 기분을 좋게 만들어줄 수 있을까

그러려면 우선 입꼬리를 올리고 미소를 지어야지
목소리의 톤을 조금 더 올리고
반가운 표정을 지으며 경쾌하게 말해야지
무슨 음식이든 먹을 수 있음에 감사하며
맛있게 먹어야지

시야를 가리는 하얀 안개 속일지라도
저 속에는 태양이 빛나고 있음에 감사해야지
어제 내린 눈으로 인해 도로 곳곳이 결빙돼 있다 할지라도
눈썰매장에 공짜로 왔다고 생각해야지
모두 함께 스키장 가는 길이라고 생각해야지

하얀 눈송이 보송보송 내리는 아침
나를 기분 좋게 하는 것들이 지천인 날이다

그런 사람이 되고 싶다

생각처럼 이루어지지 않은 결과에 좌절하기보다
그 결과를 받아들이고
또 다른 미래를 꿈꿀 줄 아는 사람이 되고 싶다
소중한 사람과의 다툼에
상대가 움직여주기만을 기다리기보다
기꺼이 먼저 손 내밀 줄 아는 사람이 되고 싶다
타인의 시선에 나를 맡기기보다
스스로의 시선을 믿을 줄 아는 사람이 되고 싶다
지나간 인연에 슬퍼하기보다
지금 내 곁을 지키고 있는 인연들에 감사할 줄 아는 사람이 되고 싶다
주저 없이 표현하고 후회 없이 사랑하는 사람이 되고 싶다
가끔은 이 모든 것들을 해내지 못하더라도
단 하나, 나를 사랑하는 마음만은 잃지 않는
그런 사람이 되고 싶다

좋더라

복잡한 세상살이 겪어 보니
그저 옆자리 한편 쉬이 내어주는
마음 편한 사람이 좋더라

사람이 사람에게 마음을 주는 데 있어
겸손하고 계산하지 않으며
조건 없이 나를 대하는 사람이 좋더라

더불어 산다는 것은
사람의 마음을 소중히 하고
서로에게 삶의 위로가 된다는 것

나 또한 그런 사람이 되기 위해
사람을 귀하게 여길 줄 아는
참사람이 되어야겠더라

한결같이 늘 그 자리에 있는
그런 사람 하나 있으면
내 삶 흔들리지 않아 좋더라

최 복 숙

오래된 골목 외 3편

최 복 숙

빛바랜 담장에
낙서금지, 소변금지, 가위 문양이
낙인처럼 새겨진 절박한 안내문입니다

따스했던 온기와 활기로 가득했을 지금은
문명의 이기에 사라져 가고 골목 창업으로
카페가 하나둘 들어서고 있는 문래동 그곳입니다

도시의 소음과 산업현장의 기계 소리와
수많은 사람들의 한 생애가 오고 갔을
문래동 그곳입니다

고개 돌리면 우수수 쏟아질 것 같은
못다 한 이야기와 닿지 못한 꿈들이
낮달처럼 허공 속에 시리게 떠 있습니다

- 천양희 님의 「오래된 골목」에서 제목을 차용하다

가을의 독백

밤을 가르는 세찬 바람 소리 없이도
이 계절이 점점 깊어만 감을 완연하다
들판의 태양도 싸늘하다
허무한 전율 없이도
이 해를 문 닫아야 할 시간이 다가온다
어느새 노 시인의 탈진된 언어처럼
계절은 계절을 이어받았다
하얀 눈발이 휘날리는 겨울이 성큼 눈앞에 와있다
미련 없이 떨쳐 버리려던 수많은 허상들
들끓는 연쇄반응 속에서도 발끝에 채인다
부스럭거리는 낙엽들의 몸 부비는 소리는
그대로 한 소절의 노래다
사람의 손길을 유혹하는 낡은 사진첩을 펼치듯
추억의 누런 먼지가 층을 이루고 있다
잠자던 사연을 분수처럼 쏟아낸 독백처럼
언어 조각들로 주변이 흥건하다

통증

그가 발자국 소리도 없이 살금살금 다가온다
어느 순간 통보도 없이
주로 한밤이면 존재를 드러내는 그다
감각 촉각이 조금씩 무디어져
새벽 즈음이면 조용조용히 침입하는 그

오케스트라의 서정적 주제와
결정적 코다가 반복되는 것처럼 폭력적인 그다
경계가 모호한 대상포진 헤르페스의 그가
예고 없이 다가와 나의 영혼을 파괴한다

그가 나타나면 누구나
구원의 손길을 갈구하며 밤새 뒤척인다

실에 대한 소고

매듭지어지고 헤지며
사라지는 존재와 가치
일상에 갇히고 해체될 때
한 생 처연하고 찬연했을 애상
어느 늙은 수선공의 따스한 손길로
어루만졌을지도 모를 경계
경계를 넘지 않고도 반대편에
도달할 수 있는 뫼비우스의 띠
원인과 결과에 따라
매 순간 상황이 다를 수도 있었겠지
수용과 순응의 본능에 충실하며
지내 온 희망과 허무의 나날들
수많은 날들에게 다시 꿈을 부여하며
찬연한 약속을 깁는다

김 영 숙

풍산이의 행방 외 3편

김 영 숙

시집간 지 얼마 후 맏딸 목소리
문밖에서 엄마를 부르는 반가운 음성 들린다
웬일인가? 눈부시게 하얀 털!
얼굴에 웃음꽃 활짝 피우고 뛰어 들어온다
백 삽살개 한 마리 품에 안고 왔다

족보가 있는 풍산개 선물 받았단다
털이 길게 눈도 보일 듯 말 듯 깜찍하다
엄마 선물이야 너무 귀엽지요
천연기념물 토종견 삽살개란다

머뭇거리다가 못 이긴 척 키우기로 했다
이름은 풍산이 나는 사랑에 빠졌다
그는 주면 주는 대로 잘 먹고 잘 자라서 정이 든다
집도 잘 지키고 식구들 발자국 소리도 안다

너무 사랑스러운 풍산이가 사자같이 컸다
애잔하지만 마당에 내려놓고 키워야 한다
그러던 어느 날 풍산이가 행방불명되었다

장발 머리털 감기고 쓰다듬고 싶다
나는 요즘도 허탈한 심정으로 풍산이의 행방을 기다리고 있다

비대면은 싫다

하루 종일 비대면 강의 듣고 있습니다
줌으로 출석수업을 합니다
세 과목을 들어야 하는데
한 과목이 세 시간씩이라 바짝 긴장하며 듣습니다
눈빛 보고 입을 보고 들어야 재미있는데
귀를 세우고 듣고 있어도 어렵습니다

한 과목을 마치려니 산 넘어서 산입니다
강의 시간이 한참 흘러 누군가 문자를 보내왔습니다
학우님 천사로 떠 있어요, 합니다
참가해야 하는데 이름을 깜빡하고 **빼놓고** 못 올렸습니다
안절부절못하다가 깨달음이 왔습니다
천사 같은 네가 있어 좋았다는 그 말에
나쁘지 않습니다

굽은 길도 곧은길도 앞만 보고 왔습니다
싱그러운 여름이 속절없이 가는 줄 몰랐습니다
나에게 가을이 단풍같이 물들고 있습니다
오늘도 마음이 앞서갑니다

나도 마음을 쫓아 달리고 달려서 여기까지 왔습니다

이제는 우선멈춤을 보고 신호 따라가 보아야 합니다
기다리는 것을 포기해 버리고 나를 놓아 버리기는 싫습니다
졸업을 하려면 내가 하고픈 일과 꿈을 줄여야 합니다
아무리 명강의라도 장시간은 무리한 시간되었습니다
세상은 서로 대면하면서 어우러져 사는 것
비대면은 자다가 떡을 준대도 싫습니다

내 안의 알프스 나이테

새천년에 두 딸 손잡고 여행했던 스위스 알프스
높은 산 깊은 계곡 옥빛 같은 물이 소리 없이 흘러
넓은 호수를 맴돌고 있다

하늘이 손에 잡힐 듯 다가온다
병풍을 두른 듯 한눈에 사계절이 보인다
우뚝 솟은 설산 봉우리
꿈인가 생시인가
감탄사의 합창이 바람결에 날리고
꼬마 기차를 탄 우리 일행은 설경 속에 어우러진다

케이블카를 타고 융프라우에 올랐다
물 드높은 천지는 작은 꽃들이 미소를 지으며 반긴다
천만 가지 이름 모르는 야생화의 그윽한 향기가 진동한다
몸은 신선처럼 날아갈 것같이 가볍다

엊그제의 몸살은 지워 버리자
너도 쉬고 나도 쉬며 쉬엄쉬엄 쉬었다 가자
스위스에서 말로 못다 한 표현들이 여전히 유람선 타고

흐른다
　융프라우 알프스산의 나이테가
　아직도 내 마음속에서 자라고 있다

참외를 통한 참회

시멘트 포장된 옥상 흙도 없는데
나약한 참외 모종 한 촉 화분에 심는다
행여나 꽃이 필까
물주고 사랑준다
화분에 심어놓은 참외 모종
옆 가지 붙잡고서 꽃이 만발하며
하늘을 쳐다보고 종종걸음으로 기어오른다
황금빛 향기 풍기자 벌 나비 입 맞추고
열매가 주렁주렁 사랑을 주는구나

끈질긴 생명력으로 살아가는 작은 식물 앞에
우리는 덥다덥다 하며 그늘만 찾아다닌다
온실 속 화분 같은 삶이 부끄럽다

김 형 순

청매실 어머니 외 3편

김 형 순

긴 겨울 이겨 내고
따뜻한 봄 햇살로 철썩이는 바닷가
자장가 소리와 함께 푸른 잎 방긋 띄우더니
어느새 풍성한 꽃잎으로 피어나 열매를 맺었어요
평소 다리가 부실한 어머니는 늘
굴러가는 그림자 바퀴 네 개를 밀고
소소한 여행을 도보로 찾아다녔지요
어느 봄빛이 찬란한 그날도
질막금* 마을 은빛 물결이 일렁이는 바닷가에
매실을 만나러 마실 갔었지요
어머니는 무더위도 잊은 채 타지의 자식들에게
청매실과 푸성귀들 사랑이란 이름으로 보내주곤 했지요
해마다 봄이면 매실과 함께
어머니의 하루도 푸르게푸르게 매실매실 익어갔답니다
이젠 그런 어머니와 매실을 만날 수가 없어요
주변에 매실을 만나면 더욱 그리운 어머니
그리움이 되어 파도처럼 부서집니다

* 질막금 : 대리마을 바닷가의 지명

나무의 여행

어린 초록이 눈을 반짝거린다
사계절이 몇 번 지나
그녀는 어디로 여행을 떠날지 행복한 고민을 해 본다

그녀가 자라 고목이 된 어느 날
그이가 찾아와 그를 자르는 듯한 자세로
취하기가 바쁘게 그녀는 사시나무 떨듯 떤다

어느 곳에 자라든 누구의 관심도 받지 못한 채
취하는 사람이 주인이 되는 세상
다른 나라로 이민을 간다고 소리 없이 아우성친다

어느 날 그녀는 편안하게 쉴 수 있는 의자로 태어나
유람선 배 위 간판에서 대만 하늘을 바라보며
깊은 상념에 젖어 본다

배로 태어난 다른 이들은 인천항으로 흘러
동남아를 지나 보이지 않는 유라시아 길로 떠나려 한다
그도 누군가를 만나기 위해 지구 끝 세계로 향해 가는 걸까

부석사

소백산 기슭 숲속의 산소와 해
저 멀리서 맑은 풍경소리가 들리는 듯
초입에는 은행나무들이 차렷 자세로 그를 우러러봐요

봉정사 극락전과 함께
한국에서 가장 나이가 많은 고려 중기 후반경
목조건축물 무량수전이 으뜸이라고 택리지는 그를 추켜세워요

묵묵히 마음 수행에 정진하더니
세계 유네스코에 줄을 선 그가
기어이 등재되었다네요

소백산에 저녁놀이 질 때면 석등에 불을 켜고
무량수전 소조여래좌상 앞에서
그가 정성으로 기도드려요

그가 불자들을 위해 세상의 등불을 밝히려 해요
무념무상의 세계로 잠시 멀어져가는 일행들을

그윽한 시선으로 바라보는 그의 오후랍니다

* 부석사 : 경북 영주시 부석면 부석사로 345에 있는 신라 문무왕 16년(676년)에 세워진 사찰

문광저수지

나는 지금 가을의 모습을 있는 그대로 펼쳐
산과 나무들을 품속에 안으며
맑은 강물 위로 뭉게구름을 나르고 있어요

어른 아이 청춘들 모두 내 공연에 관객이 되어
감탄사를 쏟아내게 하는 마법이 있어요

우리 집 주변은 2킬로미터 가로수 은행나무길로 은행잎들이 춤추며
이 가을을 마음껏 열어 보이고 있어요
저수지 주변은 오래된 고목이 많아
내 모습이 더욱 아름답다고 해요

봉사단체 맘 드림 회원들은 가을 워크숍을
나와서 소리로 굴러가는 수다와 워킹 삼매경에
내 황홀한 모습에 잠시나마 위로받아 스트레스가 풀린다네요

내 주변엔 많은 사진작가가 맴돌며

새벽이면 물안개가 환상이라고 누군가 속삭이며 말해요
옛 추억을 담으려
두 눈을 수없이 잉크와 사랑을 보내고 있어요

* 문광저수지 : 충북 괴산군 문광면 양곡리에 있는 저수지

박봉흠

여로(旅路) 외 3편

박 봉 흠

전화벨이 울린다
누님 주소 좀 불러줘요
응, 서울특별시 중랑구 ○○동 ○○번지
이틀 뒤, 진영 단감 한 박스가 올라왔다

박스 가마를 나란히 타고 온 청순한 그녀들이
현관문 앞에 얌전히 앉아있다
오월 수줍은 소녀의 미소 같은 청아한
감꽃 보에 싸인 콩알만 한 연녹색의 어린 그녀들
그동안 얼마나 치열한 삶을 겪어내야 했을까
한여름 뙤약볕에 얼굴 부비며
처음 겪어 보는 우레와 태풍의 공포를 견뎌야 했으리
인고의 시간들이 숙명적 삶처럼
꿋꿋이 이기고 견뎌온 기상의 날들이었다

이제 갈바람 불어와 바닷빛 하늘과 마주한
그녀들은 한아름 웃음을 안고 있다
영롱한 별들의 속삭임 속에서 그녀들은
주황색 드레스로 갈아입고 시집갈 준비에 바쁘다

〈
그녀들의 눈웃음은 감동의 미학이다
어디서 추수감사절 노래가 들려온다

말

그녀는 기적인가 신의 선물인가
그녀는 자신의 태생을 알지 못한다
뉴턴도 아인슈타인도 플라톤도 그녀의 태생을 모른다
그녀의 태생은 풀 수 없는 기적 중 우주보다 큰 비밀이다
그녀는 자신이 세상에서 가장 귀한 존재
무한한 값비싼 존재 임을 알고 있다
그녀는 태생의 비밀을 훗날로 넘겨줄 과제로 남겨둔다
그리고 그녀는 모든 사람들이 차별 없이 그녀를 잘 대해주길 바란다

그녀는 괴로워 우울한 사람이 가슴에 쌓여있는
삶의 무게를 내려놓고 표출할 때 위로한다
그녀가 가장 좋아하는 단어는 '사랑한다'는 말
이 한마디가 스르르 봄눈이 녹아내리듯 불만이 사라지고
웃을 때 그녀는 꽃 같은 따사로움으로 안겨온다
그녀는 투명 날개가 있다
시계 초 바늘이 움직일 때 세계를 날은다
아프리카 유럽 아시아 백악관 유엔 유아원 대학교
그리고 산골 외딴 노부부의 곁으로 날아간다

그녀는 언제 어디든지 빛같이 날아서 간다

그녀는 힘이 세다
사람을 죽이기도 살리기도 한다
사람들이 그녀를 함부로 대할 때 그녀는 머리에 가시가 돋는다
그녀는 늙지 않는 영원한 생명체다
왕성한 혈기로 지구상의 모든 소중한 것들을 기록으로 남긴다
그녀가 가장 기뻐하는 일은
이웃이 함께 평화를 위해 기도하는 것이다

신애국가

1.
금수강산 첨단기술 찬란히 빛나리
우리 문화 세계만방에 손에 손잡고

2.
아침 해가 높이 뜬다 큰 나라 대한민국
정의롭고 살기 좋은 시민의 나라

3.
오대양과 육대륙을 의좋게 손잡고
대한민국 나아간다 평화가 꽃핀다

후렴
무궁화 온누리에 꽃을 피우리
어두움은 사라지고 하나님 빛으로

청산리 벽계수야

청산리 벽계수야 수이 감을 자랑 마라

너의 몸은 소우주
좌우가 있느니
좌로 심히 기울면 좌허리 다치고
우로 심히 기울면 우허리 다친다

너의 몸 하나인데 장애가 되면 어이하리
황진이 똑바른 병원, 너 오길 기다린다
들렀다 간들 어떠하리

- 황진이 시조 「청산리 벽계수야」를 패러디하다.

박 정 현

천년 은행나무에게 묻다 외 3편

박 정 현

바람 끝에 매달린 빛 날린 잎새가 싸하게 인다
헉헉거리는 내 안의 숨소리가 격랑스럽다

온 세상이 날린 함성의 조각들이 산만히 뒤엉키어 하늘로 오르는 날
우리들은 그를 만나려 영국사로 길을 떠났다
겉모양은 소심한 격노일지라도 그 안의 진동은
발가벗은 등바위를 흔들어댈 듯이 우렁차고 매웠다
뿌연 겨울은 한 중앙에서 서슴없이 히끗한 눈씨를 뿌렸다

어서 오소
먼 길 오느라 수고가 많았소

눈은 하늘 끝으로 오르고 올라
보이지 않는 그의 손끝을 찾고
두 손은 합장하며 고개를 숙인다
보이지 않은 천년을 보기 위한 정념(情念)인가
가녀린 내 손등이 무색하기만 하다

내 천년은 억세(億歲)의 한순간이었소
내 천년은 인연의 매듭 안에서 순순히 묻어가는 것이오
내 천년은 그래서 오늘도 무던히 가는 중이요
이런들 어떠하리 저런들 어떠하리오만
진리의 법을 품어 안고 세상은 그리 가는 것이라오

되돌아오는 등 뒤로 얇은 해거름은 열두 자
그의 몸통 사이를 뚫고 따시롭게 웃는다
그날 늦은 밤에도 여전히 서울 광화문 거리는 시리고 차가운
수많은 빛으로 물결을 이루어 흘러가고 있었다

* 이방원의 「하여가」 중 일부를 인유하다
* 영국사는 충북 영동에 있는 절로 그곳에 있는 은행나무는 천연기념물 223호다.

박 서방네 다섯 딸들

박 서방네 집에는 딸이 다섯 있습니다

큰딸은 키도 크고 눈도 큰 게 미스 코리아감입니다
둘째 딸내미는 심성이 고와 맏며느리감입니다
셋째딸 얌체 덩어리지만 보지 않아도 데려간다는 이쁜 이입니다
넷째 꼬맹이는 남 예뻐하는 꼴 못 보는 시샘 많은 깍쟁이입니다
다섯째 막네는 아들 나으려고 정화수 떠 놓고 빌고 빌어 낳은 딸입니다

첫째 딸 낳을 때는 재산 밑천이라 마음을 다스렸습니다
둘째 때는 건넛마을 영하다는 점집 할매 믿고 자신만만이 낳았습니다
셋째 딸은 날 잡아 동침하라는 시엄니 어명 따라 낳아보니 또 딸입니다
어이 하리오 건너 말사 동서네는 뒤늦게 혼인했는데도 낳는 대로 아들이니
박 서방 아낙 가슴속은 까맣게 숯덩이니 오기가 하늘을

치솟아
 신령님께 기원하고 작정해 낳아보니 또 딸이랍니다
 아들 손자 못 낳은 죄인되어 시엄니 눈 맞추기가 서릿발이오
 손발이 다 닳도록 빌고 빌어 다섯째 낳고 보니 또 딸이었습니다
 이제는 흘러내릴 눈물도 염치도 없이 신세타령일 뿐이었습니다

 긴 긴 세월 지나 다섯 딸들 제 갈 길 훌훌 날아가더니만
 올망졸망 쌍쌍이 아들들 품에 안고 부모 공양 서로 경주하듯 시샘하니
 다섯 아들 낳은 동서네보다 열 번 더 효녀랍니다

 이쯤 되면 박 서방네 소원 풀이 한 거 아닐까요

* 오규원의 「해와 미루나무」를 패러디하다

어머니와 묵주

긴 겨울밤 찬 바람이 문틈 사이로
쉬이 쉬이 냉기를 품고 스며든다
텅 빈 뼛골 사이사이 끈기 없는 몸 곳곳에서도
똑 닮은 찬기는 덩달아서 곡을 맞춘다
홀로 잠 못 든 가슴 속 마른기침들이
깊은숨을 몰아쉬며 굽은 허리를 곧추세워 앉는다

환희의 신비, 주님 잉태하심을 묵상합니다
고통의 신비, 주님 십자가에 못 박히심을 묵상합니다
영광의 신비, 주님 승천하심을 묵상합니다

열 번씩 돌리는 매듭 사이 검은 묵주가
다섯 롤을 더 돌아가도록 메말라
심줄이 살 끝 밖으로 나와 있는 손끝은
한없이 묵주 알을 돌린다
우리 자식들 모두
당신 안에서 평화를 누리게 하소서
내 영혼 또한 당신께 맡겨드립니다

동지섣달 긴 밤에 묵주 알을 돌리고
또 돌려도 밤은 끝없이 길기만 하다
어제도 돌리고 오늘도 돌리고
또 내일도 돌려 묵주의 검은 나뭇결이
하나둘 제빛을 잃고 나목이 되어가지만
길고도 긴 고요 속의 침묵
그리 또 성부 성자 성신이여

이제 실낱같이 가는 당신의 기도 소리는
우렁찬 고함이 되어 하늘 끝에 닿았으리라
그 정성 그 사랑으로 평생 돌리고 돌린 묵주 알이
당신의 소망을 이루었습니다
그리 당신은
그 품 안에서 영원함을 얻었습니다
어머니, 나의 영혼의 어머니여
성부 성자 성신이여

호수의 비밀

나는 오늘도 깊고 청아한 호수 속으로 한없이 빠져든다
그곳은 깊이를 알 수 없는 심오한 곳이다
늘 묵묵부답으로 끌어 담는 신비한 마력의 호수다
그곳은 어떤 사연이 있는지
늘 맑음으로만 한없이 말하는 곳이다

내 품고 하루종일을 노닥거려도 그 푸른 호수는
흐려지지 않은체 더욱 찰랑댄다
한치도 변함이 없는 순애보로 영원한 사랑이다
나는 그 호수에서 오늘도 행복을 건져 올린다

그 호수는 '콩이'라는 우리 집 강아지의 눈이다

오 복 환

은행(銀杏)의 은행(銀行) 외 3편

오 복 환

아파트 안에는 은행나무가 많다
봄에는 새싹이 파릇파릇 통장을 개설하고
여름이 되면 그늘이 이자처럼 늘어난다
깊어 가는 여름밤이면 풀벌레 소리의 은행이 된다

목청 높여 맴 맴 맴
가을을 알리는 매미 소리의 은행이 된다
은행이 떨어지면 냄새 이자가 빚으로 늘어난다
한 잎 두 잎 떨어지는 슬픔의 잔고
은행잎이 깔린 카페트는
그리움 가득 담긴 통장 같구나

앙상한 가지 위에 소복소복 눈이 내리면
온 천지가 생의 이자를 계산해준다
적막한 나그네 인생길에
적금통장 같은 은행나무다

식탁 앞에서

하루에 세 번 둘러앉아 뭔가를 먹으며
함께 웃고 떠드는 행복한 시간들

아이들 어릴 적에 학교 친구 여행 등
대화로 이야기꽃이 피어나던 곳

꽉 차던 식탁이 이젠 모두 성인이 되어
하나둘 떠나 지금은 둘이 한편에 앉는다

팔꿈치로 누르고 젓가락을 두드리며
생선 가시 과일 껍질 까 놓아도 말이 없는 식탁

저 식탁 덕에 아이들이 훌쩍 커
오이처럼 자라더니 둥지를 떠나갔지

덩그마니 외로운 식탁 앞에서 앉자
동병상련의 마음으로 쓰다듬어본다

사진 속의 연주회

아버지의 긴 손가락이
피아노 건반 위를 내달리네

흰건반과 검은 건반이
번갈아 가면서 노래를 부르네

맑은 날의 피아노 소리가
구슬처럼 영롱하게 피어오르네

멀리서 들리는 찬송가 소리
어둡던 영혼이 맑아지네

젊은 날 독창회를 하신 우리 아버지
사진 속에서 아버지 목소리가 울려 나오네

아버지 손가락이 피아노 건반을 달리고
청중들의 박수 소리가 울려 퍼지네

젠젠 카페

오복환

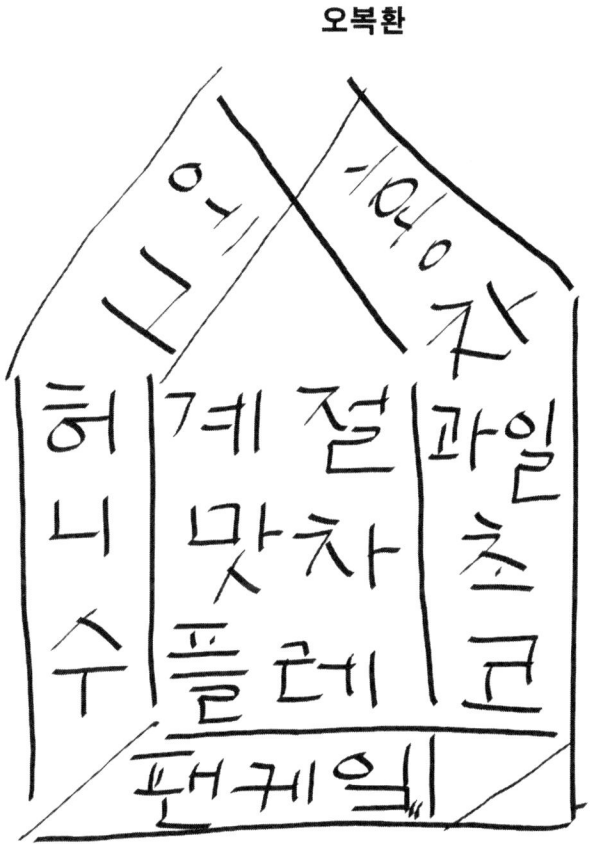

김 선 영

원본대조필 외 3편

김 선 영

입 맞추고 몸 맞추고 마음도 맞추면서
오래 살다 보니 DNA가 거의 같은
일란성 쌍둥이보다 더 닮은 우리 부부

어쩌면 전생에 꼭 맞는 내 짝을 만나
행동도 하나하나 생각도 하나하나
부처님 점지해주신 원본대조필 내 그림자

내 사랑 천연비누

요염을 부리며 앉아 있는 그녀
그녀가 향수를 뿜어대며
내 가슴에 불꽃을 지폈다

알록달록 아름답기까지 한 모습이
마음에 꼭 들었다
천연염색 옷을 입은 그녀

붉은 입술을 삐죽이 내민 모습에 반했다
나에게 다가온 그녀의 향기
미친 듯이 비벼대며 나를 더욱 유혹한다

몸을 떨며 박력 넘치게
리드미컬한 춤을 추는 그녀
우리는 함께 목욕하는 사이다

▲ 닥풀꽃

닥풀꽃

왕숙천 길을 산책하다 보니
길섶 연노랑 빛 얼굴의 그녀에게 눈길이 멈췄다
이름을 알 길 없어 인터넷에 검색했다
한지를 제조할 때 접착제로 사용한다는 그녀의 이름은 닥풀꽃*

뿌리와 씨방에 접착제 성분이 있는
아기 손바닥 크기에 꽃잎을 가진 닥지풀이라고도 하는 그녀
한지가 탄생하기 위해서는 끈기가 있는 그녀를 만나야 한다네
특히 뿌리에 점액질이 풍부하여 한지를 뜰 때 풀감으로 꼭 함께해야 하는 그녀
시골에서 자랄 때도 보지 못했던 그녀의 희귀한 몸매
갈색 계절에 빼꼼히 내민 얼굴 왜 그리 이쁜지
나를 유혹한 그녀에게 반해 가던 걸음 멈춰 세운 그녀다

---

* 닥풀꽃 : 꽃말은 유혹, 풀호, 되질할료, '호료'라고도 한다. 잎을 황촉규엽 꽃을 황촉규화 씨를 황촉규자 뿌리를 황촉규근이라 부른다.

민들레꽃 어머니

시골 밭에 풀이 무성해 예초작업을 끝낸 자리
밑동만 남기는 상처에도
민들레가 꽃을 피웠다
장소 가리지 않고 핀 꽃
자갈밭이며 밭고랑 여기저기
심지어 콘크리트 벌어진 틈 사이
척박한 곳에서도 기어이
꽃대궁을 올리며 꽃을 피운다

육 남매 억척으로 길러내며
평생 온갖 힘든 일이 닥쳐도
불평 한마디 하지 않고
여섯 촉의 꽃을 피워낸 어머니

다소곳이 피어있는 민들레꽃에서
어머니가 웃고 계신다

김 의 숙

늦가을의 정수사 외 3편

김 의 숙

11월이 저물어가는 오후 남편과 함께
풍경소리 청아한 강화도 정수사를 찾았다
나뭇잎 비행기가 갈색 날개를 반짝이며
허허로운 가을 산기슭을 비행한다
양지바른 곳으로 지친 날개 접으며
또르르또르르 구르며 우리를 맞이한다
서걱서걱 나뭇잎 주걱들이
고봉으로 가을 밥상을 차리고 있다
은행나무 단풍나무 상수리나무 우듬지엔
청잣빛 하늘이 빚어놓은 새하얀 구름배가 걸려있다
나뭇잎과 방금 이별한 나뭇가지에
홍방울새 오목눈이 청호반새가 날아와 앉는다
지나가던 바람도 염불을 외며
그녀들과의 이별에 싸한 가슴을 내어준다
오늘따라 정수사를 찾은 몇몇 걸음들만이
마니산 기슭에서 불어오는 바람에 옷깃을 여미고 있다
처마 끝에 걸려있는 풍경만이
뎅그렁뎅그렁 계절의 이별을 전하고 있다

민머루 해변의 일몰

강화도 민머루 해변 백사장의 고운 모래 위로
그녀는 일광욕을 즐기다 잠든 모래알들을 깨우고 있는 중이다

그녀는 서쪽 하늘가에서 금빛 광선을 뽑아내며
일렁이는 물결 위로 찬란한 오작교을 내려놓는다

그녀와의 짧은 만남은 늘 아쉽기만 하다
청잣빛 하늘가에서 서성이던 그녀가 강한 텔레파시를 보낸다

그녀는 찰랑이는 물결 위에 진한 그리움을 내려놓고
민머루해변를 온통 보랏빛으로 붉게 물들여놓는다

비릿한 갯내음 싣고 불어오는 밤바람이 아리기만 한데
어느새 그녀가 머물던 자리엔 어둠이 내리고 있다

모과나무와 물까치

모과나무 우듬지에 물까치 일곱 마리 앉아서
지난밤에 내린 이슬을 털고 있다
조잘조잘 수다에 노랗게 익은 모과향을 내어준다
물까치 세 마리 숲속으로 날아가고
네 마리의 물까치 꼬리에 묻은 이슬이
후드득 후드득 또르르 나뭇잎에 구른다

첫 번째 물까치는 꼬리가 길고 날씬하다
두 번째 물까치 첫 번째 물까치보다 작다
세 번째 물까치는 첫 번째 물까치처럼 꼬리가 길고 부리도 길다
네 번째 물까치는 두 번째 물까치보다 꼬리기 길고 색상이 곱다

첫 번째 물까치는 은행나무를 바라본다
두 번째 물까치는 은행나무 앞쪽의 빨갛게 익은 감나무를 바라본다
세 번째 물까치는 노란 모과에 관심이 있는 듯 바쁘게 머리를 움직인다

네 번째 물까치는 제 몸에 관심이 있는 듯 꼬리를 내렸다 올렸다 하며 머리를 갸우뚱거린다

  물까치 네 마리 날개를 반짝이며 아침을 열고 있는 중이다

- 오규원 「해와 미루나무」를 패러디하다.

눈꽃 같은 미소

 채 가을이 가기도 전에 지난밤부터 첫눈이 내려 새하얀 세상이다 곱게 물들었던 은행나무 단풍나무 소나무 위엔 눈꽃이 탐스럽게 피어내고 있다 11월의 늦가을에 하얀 겨울이 내려와 함박웃음 웃으며 앉아있다 화려한 가을에 하얀 겨울이 찾아와 나무들도 사람도 당황스럽다 나는 두 계절과 공존하기가 낯설기만 하다

 친구들과 설산을 감상하면서 카키빛 바다 위를 시원스럽게 달리고 있다 해님도 가끔은 눈구름의 포로가 될 때가 있다 눈구름 속에 갇혀서 실루엣만 보일 듯 말듯 잿빛 하늘에선 함박눈이 내린다 시화호 방조제를 지나 선재도 섬을 지나 영흥도에 도착했다 창 넘어 카키빛 바닷물이 철석 철석이며 갈매기들을 불러 모은다

 바닷가 저편 영흥화력 발전소에서 내뿜는 하얀 연기는 구름되어 하늘로 높이 높이 올려보내고 연인들은 추억을 엮어 담는 중이다 짭조름한 바다 향기 그리울 때면 소라 전복 멍게 향 짙은 바다가 내려다보이는 찻집에 앉아 찻

잔 기울이면서면서 바다 안개 뽀얗게 피어날 때

눈꽃같이 하얀 미소를 짓는다

김 종 원

대저 토마토 외 3편

김 종 원

황금빛 얼굴을 볼 때마다 생각나는 사람이 있습니다
만날 때마다 가슴을 파고드는 육화된 정령이 있습니다

아버지는 소싯적에 지게를 팽개치고 대저*에 있는
일본인 농장에서 토마토 농사를 배웠습니다
한국이 해방되자 일본인은 본토로 달아나고
아버지는 토마토 재배의 개척자가 되셨습니다
어머니와 튼실한 모종을 키워 토마토와 자식들이
주렁주렁 달려 알부자로 소문이 났습니다

초등학교에 다니던 시절,
학교에서 돌아온 나는 뒷밭에 파치 토마토를 따서
애타게 기다리는 아이들에게 골고루 나눠주었습니다
아버지께서는 사정을 아셔도 모르는 체하시고
배꼽병이 전염될까 걱정이구나, 하시며
성한 토마토를 듬뿍 안겨주십니다

담임 선생님 하숙집에 첫물 토마토를 선물하고
아버지 덕분에 토마토라는 별명을 얻었습니다

슬쩍 보기만 해도 새콤이 삐지다가 달콤한 미소를 짓는
그를 잘 알기에 첫눈에 반했거든요
지금도 리어카 구석에 쪼그리고 있는
시들한 토마토를 보면 반갑게 모셔옵니다

칡넝쿨처럼 헝클어진 삶의 애환을 달래며
정성껏 토마토를 기르시던 아버지가 생각납니다

* 대저 : 경남 김해 현, 부산시 강서지역에 있는 토마토 시배지

덕유산 떡두꺼비

무주 구천동 너럭바위에 느긋이 잠든 그는
신선(神仙)의 단꿈을 꾼다
붉은 치마 날리는 옥계수에 멱감는 선녀를 간질이다가
버들치처럼 바들바들 자지러진다

먼 옛날 나제통문*의 벼랑을 오르던 그는
미끄러져 떨어져 요강 꽃을 덮어쓴 화랑의 후예다
아니면, 승군(僧軍)이 되어 오랑캐를 막아내고
안국을 염원하는 수련원의 감찰사이다

그는 구천 승병의 쌀뜨물을 풀어 왜병을 돌려세운 지혜로운 고승이다
6.25때 피난민을 품고 빨치산과 국방군을 숨겨 준
안타까운 어미의 화신이다

그가 어기적어기적 노구를 끌고
산까치 울음소리 들으며 덕유산을 오른다
간밤에 찬서리 내린 상고대 뿌리 밑을 드나들며 햇살을 맞는다

〈

눈바람 낙엽처럼 쌓여 백로 탄 신선은 간 곳 없고
향적봉 떡두꺼비는 땅속에서 인고의 동면을 한다
무시로 봄날을 기다리며

* 나제통문(羅濟通門): 무주군 설천면에 소재하는 구천동 33경 중의 제1경이며, 신라와 백제의 국경에 위치한 벼랑바위. 1925년 신작로 개설 때 뚫은 석굴.

밤에 피는 분꽃

고추잠자리 귀가를 서둘 즈음에 그녀는 출근을 준비한다
앳된 얼굴에 하아얀 분을 찍고 입술에 빨간 립스틱을 바른다
보랏빛 치마에 노란 저고리 받쳐 입고 길을 나선다
쑥향에 젖은 첫사랑은 고향 언덕에 묻어 둔 채
부산 하야리아 부대에서 밤새워 춤을 춘다
위스키 잔에 속 쓰린 하품이 쏟아져도
코 큰 사람 가슴에 안겨 긴 목이 늘어지게 춤을 춘다
뽀얀 속살은 뙤약볕 큰 독침에 멍들고
수풀 속 씨앗은 부풀어 아버지의 무덤을 닮아간다
고향 집에 두고 온 병든 어머니와
어린 동생들 걱정이 태산 같다
먼 산 그림자에 피어난 무지개를 바라보며
마른 풀잎 위에 까만 씨앗을 살그미 떨군다
오늘도 고추잠자리 날개에 찬바람 실려 오면
속죄의 기도를 올린다
서산에 개밥바라기별 떠오르면 꽃단장하고
푸른 별빛 찾아 길을 나선다

예수와 부처의 밀회

김종원

하늘은 믿어서 천당이 되고 사람은 닦아서 인간이 된다

내 생각 불꽃을 사랑하고 각자는 침묵에 자비롭다

이 동 재

달나라에서 살아남기 외 3편

이 동 재

 꿈속에서 6호선 지하철을 탔다 나의 목적지는 달나라였다 무정차로 달리던 기차는 어느새 은하철도가 되어 달나라에 올라갔다 그곳에는 이미 여러 사람들이 해맑게 시를 쓰고 있었다 그곳에서 나는 무중력 지역에 오니 몸이 가벼워지고 아픈 곳이 없어 뛸 수도 있었다 이곳에서도 시를 잘 써서 장원이 된 사람이 밥을 산다고 하는데 식당이 보이질 않았다 이곳저곳에서 꾸르륵거리는 소리가 들리기 시작했다

 처음에는 땅에 선을 긋는 대로 내 땅이라고 이리저리 선을 그었다 그렇지만 달나라에서는 땅이 필요 없었다. 나는 점점 공복에 지쳐갔다 땅도 싫고 돈도 필요 없고 맛있는 밥이 필요했다 우리들끼리 머리를 맞대고 의논했다 우리는 책 읽기 좋아하고 시를 쓸줄 알기에 시속에 암호를 만들어 달의 영주를 맡고 있는 김순진 시인에게 신호를 보냈다 달나라에서 살아남을 방법의 해답을 주신다면 달에서 조금 더 살아보는 것도 괜찮겠다 싶었다 그런데 문제는 뱃속에서 꾸르륵 꾸르륵 하고 공복의 신호가 먼저 와 눈을 떴다

엊저녁을 안 먹고 잤더니 실제로 배가 많이 고프다

줄기세포

한 방울 두 방울 주사약이 내 혈관으로 들어가고 있다
고장 난 무릎에 줄기세포의 효과를 기대하며
세 번째 맞고 누워 있는 병실에는 적막이 흐른다
똑 똑 똑 기계음이 들리고 있다
내 지방을 빼내 기계로 지방과 줄기세포를 분리한 뒤
냉동 보관했다가 한 달에 한 번씩 맞고 있다
배꼽 밑에서 얼마만큼의 지방을 빼내는지 모르지만
잠깐 무균실에서 잠자는 사이 이루어잔다
오늘도 두 시간 정도 병실에서 휴식을 취한 뒤
분리된 줄기세포를 양쪽 무릎과 허리에 맞았다
기둥이 부실해지고 주춧돌이 흔들리는 부실한 육체
한방 침 맞은 숫자가 서울과 부산 왕복하고도 남을 것이다
각종 약물 침투 작전에 모든 것을 동원해 보기도 했다
시간과 돈을 심으며 한 번씩 줄기세포를 맞을 때마다
희망의 씨앗이 자라고 있다

하루빨리 흔들리는 육체의 통증에서 벗어나
북한산 도봉산 정상에서 '야호'를 외치고 싶다

못난이 발가락

내 양말 속에는 못난이 오 형제 발가락이 있습니다
첫 번째 발가락은 두 번째 발가락보다 키가 작습니다
두 번째 발가락은 세 번째 발가락보다 키가 큽니다
세 번째 발가락은 네 번째 발가락보다 키가 큽니다
네 번째 발가락은 세 번째 발가락보다 키가 작습니다
다섯 번째 발가락은 네 번째 발가락보다는 키가 작습니다

첫 번째 발가락은 두 번째 발가락 쪽으로 몸이 기울었습니다
두 번째 발가락은 중심을 지키고 꼿꼿이 서 있습니다
세 번째 발가락은 두 번째 발가락 쪽으로 몸이 기울었습니다
네 번째 발가락과 다섯 번째 발가락은 세 번째 발가락 쪽으로 몸이 기울었습니다

첫 번째 발가락은 두 번째 발가락보다 굵고 짧습니다
두 번째 발가락은 첫 번째 발가락보다 가늘고 깁니다
세 번째 발가락은 두 번째 발가락보다 가늘고 짧습니다
네 번째 발가락은 세 번째 발가락보다 짧습니다
다섯째 발가락은 네 번째 발가락보다는 짧습니다

이동재

첫 번째 발가락은 무지외반증으로 둘째 발가락 쪽으로 기울며 통증을 유발합니다

두 번째 발가락은 첫 번째 발가락 때문에 발톱이 두꺼워지면서 변형이 왔습니다

주인은 휴가철에 다섯 번째 발톱만 남긴 채 매니큐어로 모양을 냈습니다

발톱이 빨간 네 발가락 옆에 발톱이 하얀 다섯 번째 발가락이 서 있습니다

하늘에는 구름이 자주 바뀌고 주인의 얼굴에는 주름이 자꾸만 늘고 있습니다

- 오규원 「해와 미루나무」를 페러디하다

고추 책가방

설악산에 진달래가 피었다더니
우리 집에는 빨간 백합꽃이 활짝 피었다
나는 아직도 가을처럼 방황하는데
제주도에서 근무하는 딸이 선물로 명품 가방을 사왔다
가방을 보니 철없던 시절
아버지한테 가방 사달라 조르던 생각이 난다

6학년 여름방학, 한 학기밖에 남지 않았는데
조르고 조른 끝에 아버지는 빨간 고추 한 지게를 팔아
동두천 오일장에서 가방을 사오셨다
가방을 들고 가는 등하굣길은 날아다니는 느낌이었다
기쁨도 잠시 한 학기 동행으로 옆집으로 이별을 고했다
한 학기만 책보자기를 더 썼다면
아버지의 땀방울을 멈추게 했을 텐데
고추를 가방으로 바꾸고 싶었던 시절도 있었지만
요즈음은 명품 가방도 욕심나지 않는다

빨간 가방으로 시작한 시 공부
오늘도 가방끈을 늘리기 위해 가방을 든다

장 태 숙

목백일홍 일기장 외 3편

장태숙

가녀린 가지가지에는 백일의 숨소리가 쓰여 있다
바람 풀꽃 벌레 우는 소리
천둥과 번개도 빠짐없이 적혀 있다

자기 집인 양 들락거리는 새들의 숨은 이야기도
아침에 다녀간 까치의 인사도
앞산 아래 개천 저수지 부들의 미세한 떨림과
갈대 숲속에 가물치 잉어 붕어 피라미의 숨소리까지
수련화 말밤꽃 창포꽃 땡비 그늘 밑에서 꽃놀이하는 목소리와
들판에 자라는 벼 콩 옥수수 고추와 밤나무 버드나무의 꿈
마을 사람들과 감나무집 이장님 노인회장 이름도 빼곡이 적혀있다

태양을 삼키는 저 폭염은 어디서 왔을까
바람도 삼키고 하늘은 수문을 열어 물을 방류하고
뜨겁고 습해 지긋지긋한 녀석,
너 정말 싫다고 헤어지고 싶다고
정말 힘들어 떠나고 싶어 숨 가쁘게 우는

매미와 개구리 소리도 낱낱이 기록되어 있다
때맞추어 잊지 않고 찾아온 귀뚜라미
새 힘을 불어넣는 곡식들의 꿈까지 알알이 밑줄이 그어져 있다

별 뾰족한 수 없이 견뎌야 하는 여름
아버지 어머니의 제삿날을 하루하루 손꼽아보는 배롱나무
네가 이 길고 무력한 여름을 기록하는 나의 일기장이다

무당벌레의 전설

　어느 날 나는 어느 기 센 무녀의 집에서
　알 수 없는 선몽을 받아 붉은 옷으로 갈아입었다
　그리고 나는 성황당 미루나무의 날이 선 입술로 말하는 것을 들었다
　세상에는 아픈 사람 바람난 사람 도둑질이나
　나쁜 말 나쁜 짓 하는 사람 노름하고 때리고 괴롭히는 사람
　모두 다독이며 안녕을 기원하는 것이 나의 길이다
　나는 떠돌이 신바람 났다
　바람은 그칠 줄 모르고 날갯짓한다

　발길 가는 데로 떠돌다 나도 모르게 발이 멈춘 장고개 주막
　어둑어둑 해가 질 무렵 주막집 아낙은 눈을 껌뻑이며 밖을 주시한다
　안에는 여흥이 한창이고 신사는 술이 흥건할 무렵
　'오빠 여기서 뭐 하세요'
　낯익은 앙칼진 목소리에 빗발은 밤을 직직 긋고 있다
　어디로 가야 할지 방향은 잊어버리고 만다

저 아낙이 나보고 자꾸 윙크하잖아, 신사의 말에 쫓겨난 나는
끊임없이 비를 맞는다

결국 나는 궂은 전장 속에 뒹굴고 또 뒹굴며
그렇게 별별 일을 다 겪으며 온몸에 무당점이 돋아났다
방바닥을 뱅그르르 뱅그르르 한참을 돌다가
불면의 밤 나는 툭툭 털고 일어나 다음 행선지로 날아간다
그 후 나는 작두 위를 펄펄 나는 무당이 되었다
그러나 나는 사람을 죽인 적 없는 선무당이다

띠동갑

네 명의 식구가 한집에 삽니다
태숙이는 화영이의 엄마입니다
화영이는 태숙이의 딸입니다
태숙이는 화영이를 낳았습니다
화영이는 태숙이를 낳지 않았습니다
태숙이는 화영이보다 키가 작습니다
화영이는 태숙이보다 키가 큽니다

태숙이는 여자입니다
화영이도 여자입니다
태숙이는 화영이보다 나이가 많습니다
화영이는 태숙이보다 나이가 적습니다
태숙이는 화영이보다 24살이 많은 띠동갑입니다
화영이는 태숙이보다 24살이 적은 띠동갑입니다
태숙이는 진우 아들도 낳았습니다
태숙이는 덕암를 낳지 않았지만 한 집에 삽니다

띠동갑인 두 사람과 띠동갑이 아닌 두 사람이 가족으로

한집에서 사랑하며 살고 있습니다

- 오규원의 「해와 미루나무」 패러디하다

비의 행로

비가 내린다
누가 왔는지 창문을 달각거린다

빙하에 떨어져 실려 온 나는
빙산의 검은 골짜기를 휙 돌아서서
급경사에 매달려 바둥대다가
여기까지 달려왔다
안개 걷힌 산정에 머리 내밀고 넘어오는
사내의 거친 숨소리로 나는 춤춘다
바람이 열어 준 산길을 따라 가슴에 젖고
들숨과 날숨에 엇박치면 초목들은 휘어진다
뒤집히는 날에도 꿋꿋하게 그 자리에서 서서
목이 마를 틈도 없이 나는 달려온다
투명 우산을 쓰고 투명해지고 싶은 여자는
풀의 발자국 소리로 다가오는 나를 마주한다

영지부전나비의 날갯짓으로 달려오는 나의 춤사위
생명의 환희가 나뭇가지에 걸려 뽀송한 날
청아한 노송의 현을 타고 열어 준 계곡의 노래를 따라
나는 산을 품고 바위를 껴안는다

정 춘 식

장롱문에 낀 넥타이 외 3편

정 춘 식

집안으로 쭉 들어가면 안방 윗목에
그가 자리를 잡고 앉아 있다
그는 그늘진 곳에만 있어 늘 반항심에 꽉 차 있다
아침부터 유난히 비는 치덕치덕 내린다
중년의 가슴에 망울망울 내려 그리움에 젖게 한다

매일같이 작업복을 입던 남편이 거울 앞에 섰다
이거를 입을까
저것을 입을까
어떤 것들을 맬까
갖은 폼을 다 잡는다

'여보 여보, 빨리 나와요'
나는 그때 남편을 마구 불렀다
남편은 허둥대다 그한테 목덜미를 잡혔다
가끔씩 덤벙대는 남편의 멱살을
그가 버릇처럼 또 잡는다

연예인 토마토

8월의 불볕더위는 내 등줄기에서 육수를 추출한다
그녀의 생일을 맞아 두메산골로 초대장을 들고 갔다
지렁이 허리 같은 고갯길
초록이 만발한 정상 휴게소에 도착했다
산 계곡에서 부는 바람은 등줄기를 서늘하게 만들고
동지섣달의 문풍지처럼 울었다
그녀를 만나러 다시 꾸불꾸불
룰루랄라 하며 화천에 도착했다
입구부터 부채를 들고 인파에 떠밀려 그녀 앞까지 왔다
그녀가 빨강 원피스에
초록색 문어발 리본을 매고 무대에 올랐다
찜통더위에도 너무나 멋진 그녀의 모습에
젊은이들은 짜릿한 전율을 느꼈다

나도 그럴 때가 있었다

도깨비방망이

그렇게 추웠던 겨울이 지난
봄비가 오는 날
묘목 상점에서 오이 세 자매를 데려왔다
사랑한다 귓속말 해주며 정성을 다해 키웠다

7월, 어느덧 성숙한 스무 살 어여쁜 여인이다
피부가 하얗고 매끄러운 자연미인

8월이 되어 그런 피부가 흉측하게 변해갔다
나는 가슴이 철렁 무너졌다
혹시 문둥 병인가
피부 암인가
여드름인가

또다시 열흘이 지나자
그녀는 윤기가 자르르 흐르며 빛이 났다

오이가 아니라 울퉁불퉁 박이었던 것이다
그녀가 도깨비방망이를 휘둘렀다
금 나와라 뚝딱!

샌들 굽, 떨어지다

의정부 시장에서 그녀를 처음 만났다
그녀는 무슨 생각인지 나를 빤히 쳐다본다
서로가 불꽃이 번쩍 튀었다
옆에 있던 아저씨는 그녀를 가리키며
참 예쁘지요, 칭찬해주었다
그녀와 콧노래를 부르며 함께 집으로 왔다

비 오는 날 그녀와 함께 신나게 걸었다
얼마쯤 걸었을까
바짓단이 서서히 젖어 올라왔다
그녀는 커피도 오렌지주스도
물도 너무 많이 마셨다고 했다
나는 제발 힘을 내라며
나를 버리지 말라고 그녀에게 사정했다
멈춰버린 발걸음, 결국 그녀는 길가에 쓰러졌다
나는 다리를 절뚝거리며 그녀를 원망하고 또 원망했다
그녀 때문에 닭 쫓던 개 지붕만 쳐다보는 격이 됐다
화장실 가는 게 민망해서 나를 버렸나
그녀는 예쁜 미소 뒤에 음모를 숨기고
혼자서 깊은 어둠 속으로 서서히 걸어가고 있었다

김 정 숙

까치의 생각 외 3편

김 정 숙

불암산 나비공원 공원에서 산책을 한다
까치가 깍깍 울면서 계속 내 뒤를 따라온다
뭐라고 계속 나에게 말을 건다

내가 물었다
뭐라고? 말을 크게 해 봐
기쁜 소식이 있다고
무슨 소식?
아주아주 반가운 소식?
말을 해봐
왜 말을 안 하고 울고만 있니?

까치 왈
나는 우는 것이 아니고 웃는 거야
난 너하고 친구로 사귀면서
사람 말을 배울까 해
그래서 이 산 저 산 날아다니는 중이야
인간의 말을 모두 배워서

만 인간에게 기쁜 소식 슬픈 소식을
통역해주고 싶어

단풍

여기는 불암산 나비 공원
근처에 내 집이 있다
여름엔 시원한 바람이 불고
지금은 가을이 깊어 가고 있다

어제는 단풍이 나를 찾아왔는데
오늘은 별다른 소식이 없구나
검푸른 녹색이 붉은색으로 물들어가니
난 날이면 날마다 보고 또 보고 싶은
나는 소녀
세월아 가지 말아라
하루 종일 단풍처럼 날아다니고 싶구나

눈 덮인 산야는 싫다
진녹색이 연녹색으로
노랑이 빨강으로 물들어가는 가을이 좋다

아, 나의 계절은 겨울
영원히 가을에 머물고 싶다

수능시험

어릴 때부터 배우고 또 배워
차곡차곡 쌓아온 실력을 발휘할 때가 왔다
새로운 인생을 좌우하는 막바지길
목요일이 학생들의 수능시험이 있는 날이다
생각만 해도 가슴이 뛴다

수능만 생각하면 지금도
앞이 안 보이고 밥맛이 없어진다
지난 날 좀 더 열심히 했었더라면

수능 3일 전 화장실에서 외운
그 문제가 수능 시험에 나왔다
나는 좋은 성적으로 대학 시험에 합격했다
이것이 기적이냐 운이냐
하늘에 감사하고 또 감사한다

살면서 그때 그 설렘과 고됨을
평생 어찌 잊으리

김장값

요사이 주부들이
밤낮으로 하는 걱정거리는 김장이다
몇 년 사이에 치솟는 무 배추 값이
어떻게 이렇게까지 오르는가
주부들은 어떻게 하라고

서민들은 밤낮으로 걱정에 우울증에 걸리겠구나
한 끼도 한국인 밥상에 김치 없이는 안 되는 게 현실인데
날면 날마다 너울 뛰는 채솟값
너를 따라가다가는 뒤로 넘어지겠으니
어찌하면 좋으랴

무 배추가 아니고 다른 야채로 김장을 하면 어떨까
엉뚱한 생각을 해본다
자자손손 대대로 내려오는 김장 풍습을
여기서 말 것인가

김 태 운

골짜기 경주 외 3편

김 태 운

자욱한 안개 속 골짜기에
나하고 세월하고 계곡물이 경주하네
머나먼 태평양 바다까지 갔다 오는 경주라네

나는 밤잠을 못 이루고 계곡물을 살피고
세월을 타고 가네
세월은 구름 타고 바람에 밀려가고
계곡물은 구르고 천 길 낭떠러지에 떨어져
시퍼렇게 멍이 들었네

한번 간 세월은 돌아올 수 없고
계곡물은 거꾸로 흐르지 못하니
돌아올 수 있는 내가 승자이니
열심히들 달려가시게나
나는 시원한 느티나무 그늘 정자에서
동동주 한 동이 마시고 낮잠이나 자련다

그늘막 모래사장

할아버지가 만들어주신
그늘막 모래 놀이터에서 놀아요
뙤약볕이 내리쬐어도
이젠 마음대로 놀 수 있어요
엄마가 밥 먹으라고 불러도
내 귀엔 들리지 않아요
포클레인 덤프트럭 놀이에
해 저무는 줄 모르네요

오늘도 아침 일찍 일어나
그늘막 모래 놀이터로 나왔답니다
삐뚤빼뚤 반듯하진 않아도
시원해서 나는 좋아요
아빠가 밥 먹으라고 불러도
내 귀엔 들리지 않아요
오늘도 재미나게 놀다 보니
아빠가 찾으러 오셨네요

아카시아꽃

아카시아꽃이 만발이 되었네요
아카시아꽃은 가슴을 풀어 헤치고
꿀벌을 유혹합니다

꿀벌은 저 멀리서 아카시아꽃향기를 따라서 달려옵니다
마구마구
아카시아꽃은 온 정성을 다해
가슴을 풀어헤치고 꿀벌에게
향기와 꿀을 많이 마음껏 먹으라고 합니다
꿀벌은 한참을 아카시아꽃 가슴마다 헤치고
배부르게 먹었지요

이제는 집으로 향해 달려갑니다
아카시아꽃은 꿀벌들에게 꿀을 다 주고 가슴을 여밉니다
씨앗을 잉태하고 내년 봄이면
자기를 꼭 닮은 어린 싹을 틔우겠지요
예쁜 싹 트는 봄이 그립네요

뒷굽

주인 나리님, 형님은 세수에 화장도 해주고
나는 1년이 지나가도 쳐다보지도 않는다

나를 이래 괄시해도 될까
그러다 큰 코 다칠라

며칠이 지나갔다
주인은 먼 길 여행을 떠났다

나는 주인을 골탕 먹이려 자리를 도망쳐버렸다
주인은 절름발이 신세가 되어 잘못을 뉘우쳤다

그러나 이제 와서
후회한들 무엇하리

고려대 미래교육원 시창작과정
2024년 2학기 앤솔로지 23집

천년 은행나무에게 묻다

초 판 발 행 : 2025년 2월 19일
지 은 이 : 오복환 외
홈페이지 : https://cafe.daum.net/e-storymunhak

발 행 인 : 김순진
편 집 장 : 전하라
디 자 인 : 김초롱
발 행 처 : 도서출판 문학공원
등   록 : 2004년 3월 9일 제6-706호
전   화 : 02-2234-1666
팩   스 : 02-2236-1666
홈페이지 : https://blog.naver.com/ksj5562
이 메 일 : 4615562@hanmail.net

* 책값은 뒤표지에 있습니다.
* 저자와의 협의에 의해 인지는 생략합니다.